Anette Kiel

Im Blau des Himmels

Gedichte über die Liebe

Anette Kiel

Im Blau des Himmels

Gedichte über die Liebe

Copyright by Anette Kiel

Cover und Layout: Jonas Nußbaum

Foto: Fotogen Würselen

Herstellung und Verlag:

BoD- Books on Demand, Norderstedt

Printed in Germany

ISBN: 9783746078212

Kontakt: AnetteKiel@web.de

Für Mami
Du fehlst mir unendlich.

Inhalt

Oben und Unten

Gefühle hüpfen auf und nieder
wie Bälle
die jemand
vom Himmel
auf die Erde warf.

Endlich

**Sind deine
Augen da,
wo ich sie mir wünsche
...in meinen.**

Unbefangen

Vollkommen
unbefangen
trete ich dir gegenüber
ohne Scheu,
schamlos,
du empfängst mich
mit offenen Armen.

Ungeduld

**Ich will nicht
meine Augen aus deinen nehmen,
sondern
alles das,
was sie mir sagen.**

Zufall

**Durch Zufall
kamst du
in mein Leben
und da
sollst du auch bleiben.**

Sprachlos

Vor Glück
fehlen mir die Worte
Dir zu sagen,
was ich fühle.
Überkommen
hast du mich
mit deiner Liebe.
Füllst mich ganz aus damit.
Bringst mein Herz
zum Klopfen,
stiftest Verwirrung.
Vollkommen machtlos,
ratlos
gebe ich mich dir hin.

Sinne

Ich habe nicht
mehr alle Sinne beieinander
denn mindestens einer
kreist
immer nur
um dich.

Danach

Deine Augen
noch vor mir und
mein Kissen trägt deinen Geruch.
Deine Küsse
brennen auf meiner Haut.
In zweieinhalb Wochen...

Fassung

Als du mir sagtest,
dass du mich liebst
verlor ich
die Fassung
und
ich will
sie auch nicht wiederfinden.

Moment

Ineinander verwoben
schweißnassglänzende Haut,
Auge in Auge,
Du hältst mich.
Unsere Finger
miteinander verschränkt -
so als wollten wir uns nie mehr
loslassen.

Nacht

In eine
Wolldecke gewickelt
friere ich
neben dir.
Du schwitzt
nackt.

Blind

Vor Liebe
fiel ich auf die Nase.
Sehend kann
ich zusehen
wie ich wieder
auf die Beine komme.

Sackgasse

Manchmal müssen wir
in die Sackgasse einbiegen.
Und oft
gehen wir
bis zum Ende,
bevor wir begreifen,
dass es nicht weiter geht.

So weit weg

Wie der Sand
am Strand
durch unsere Finger
rieselte
so
fällst du nun
durch meine Gedanken.

Frost

**Wenn ich an dich denke
friere ich.
Nur mein Herz
hat sich
der Temperatur
noch nicht angepasst.**

Es ist an der Zeit

Zeit, Abschied zu nehmen:
Von uns,
von deinen blauen Augen,
deinen sanften Händen,
deinen zärtlichen Küssen.

Zeit, Abschied zu nehmen:
Von deinen Umarmungen,
von unserem Verlangen,
Haut an Haut zu liegen.

Mein Herz sträubt sich.
Gerade deshalb ist es an der Zeit.

Schmetterling

Das falsche Leben abstreifen,
denn es passt nicht
und das weißt du schon lange.
Trotzdem bliebst du
in dieser alten,
schrumpeligen Haut
die dich nicht nähren konnte.
Weil du es nicht anders kanntest,
weil du Angst spürtest
vor neuen Erfahrungen
und aus Bequemlichkeit.

Jetzt aber hast du den ersten
Schritt gemacht
und du weißt,
es gibt kein Zurück mehr.
Die Haut blättert ab.
Schicht um Schicht.
Du staunst,
wie schön du darunter bist:
Farbenfroh,
voller Licht, Liebe,
Lebensfreude.

Tief aus deinem Herzen
steigt ein Lächeln.
Du breitest deine Flügel aus.

Sitting by the sea

Watching the sun going down.
Know that it sounds
like a kitschy romance.
The days passed
since we parted,
couldn`t change anything.
I feel it, you`re with me.

Your eyes
took my heart in possession.
Your words occupied my soul.
I know, you didn`t
promise me anything.

We went back into our lives.
I told myself,
nothing happened
because I am strong.
But sometimes
I would like to be weak
as that night.
Wish so much you were here
holding my hand and
caressing my hair tenderly.

Sitting by the sea
watching the sun going down.
I`m sure, you feel it
I`m with you.

Stille

Nacht
Schwarz
Tief
Still
Am Himmel
schmiegt sich
die Sichel des Mondes
sanft um einen Stern.

Waldspaziergang

**Neben dir
gehe ich
mit dir
Hand in Hand.
Auf einem Baumstamm stehend
fällt mein Blick
zum Himmel.
Er ist blau.**

Für die Autorin Anette Kiel, die auf dem Land auf-
wuchs, haben Himmel und Erde seit ihrer frühen
Kindheit eine besondere Bedeutung.
Ihre Gedichte,geprägt von Sehnsucht, Verlangen
und der unberechenbaren Schönheit der Natur,
zeigen, dass Liebe und Schatten eng beieinander
liegen.